I0415349

*Il nulla è un traguardo
difficile e prezioso*

Introduzione

Ci sono vari generi, letterari o cinematografici, che tendono a darci emozioni secondo una precisa tematica: orrore, fantascienza, fiaba & fantasy, erotico, drammatico, avventura, azione, commedia... oggi mi domando se è possibile introdurre, creare, determinare e catalogare un nuovo genere letterario, figlio della rabbia e del dolore, scaturito da ferite brucianti o più semplicemente dall'impossibilità di reprimere nel silenzio tante voci che urlano, sempre più chiaramente, il loro bisogno di diffondersi e propagarsi al mondo.

Ecco perché molti racconti non sono certamente condivisibili nei contenuti, ecco perché non sarà semplice dominare un moto di ribellione a quanto state per leggere... sarete toccati, in un modo o nell'altro, all'interno del vostro io, dell'ego sociale che cercate in un modo o nell'altro di accomunare con quello della realtà in cui vivete.

Quella che apparentemente potrebbe essere interpretata come una scrittura aggressiva fine a sé stessa vuole in realtà essere un nuovo genere di comunicazione che intende suscitare e stimolare azioni, emozioni e sensazioni ben precise: rabbia, ribellione, contrasto, reazione, offesa, animando così un dibattito e una discussione interiore che possono certamente determinare uno stato emotivo diverso dalla quiete di base.

Ho definito questo stato emotivo:
R.A.I.
Acronimo di
Reazione Attiva Interiore

e lo considero qualcosa di molto importante sia sul piano della comunicativa che della interpretazione di alcuni stati dell'animo tra cui la depressione, lo stress emotivo, la sfiducia, la mancanza di autostima, la non-realizzazione, l'infelicità cronica, l'inappagamento, il senso di inadeguatezza.

Ho infatti verificato come nelle circostanze tipiche in cui si verificano gli stati di depressione la figura e l'intervento di tipo tradizionale (psicoterapia) abbia, oltre che dei tempi di elaborazione lunghissimi, un handicap particolare: tendono ad esasperare la situazione, dilatarla come un elastico fin quando, se accade, il sistema si spezza e nasce la reazione. Ma una persona depressa è un soggetto chiuso, comunicativamente ermeticamente isolato e crea degli scudi, delle corazze, dei sistemi di autodifesa per la paura, il timore del mondo, delle persone, della realtà o persino dell'extraterreno, ascoltano molto e parlano poco ma dentro di loro è in atto un processo di elaborazione dati, pensieri, riflessioni che può apparire paranoide proprio per la ossessiva ripetitività dei pensieri, quasi fossero in una loop, una spirale senza uscita. E' vero che lo psicoterapeuta è in grado, lentamente e pazientemente, prima o poi, di guidare queste persone fuori dal tunnel, ma considerando che a volte occorrono dai 2 ai 5 anni quando non sono 7, 10, 15... siamo proprio convinti che lo stesso risultato non lo avrebbero ottenuto lasciando semplicemente trascorrere le primavere?

In realtà cosa accade? che la persona depressa tende ad avere assuefazione alla psicoterapia in genere, sia che avvenga per l'intervento e l'ausilio di figure professionali, sia che avvenga per via farmacologica (ancora più dannosa, ovviamente). Non è che non si risolve, ma si risolve poco e troppo lentamente.

Il depresso non è morto, vive e sa perfettamente che il suo stato a volte di assenza, rifiuto, chiusura o arroccamento è dovuto alla mancanza di una luce interiore, di una risposta, di un input che faccia partire la scintilla, da dove viene tutto questo, chi può dirlo, darlo, donarlo? Inevitabilmente i meandri della psicanalisi portano a ripercorrere all'infinito le trame più remote, i labirinti delle proprie paure, le ansie ancestrali o addirittura quelle prenatali.

Altre forme paraterapeutiche di vario genere sfruttano una infinità di metodologie, dalla regressione alla respirazione, dall'ipnosi alla stimolazione cerebrale... io non discuto nulla, ci mancherebbe altro, sono un piccolo scrittore in erba alle prime armi e non certo uno scienziato, però sono un grande esperto di depressione dalla parte del... depresso :-) e so bene che dentro di me avevo tanto bisogno di affetto, comprensione e conforto che avrei pagato e, se potessi, pagherei tutt'ora decine di esperti pur di chiacchierare, confidarmi, analizzarmi, studiarmi, capirmi, accettarmi, conoscermi... E' un meccanismo subdolo per cui mi sono reso conto, un giorno, che non ne sarei mai uscito per il semplice fatto che era molto più bello starci dentro, fare le mie due-tre sedute settimanali, vivere come un mezzo zombie sul pianeta delle scimmie tra i castelli sulle nuvole e quelli campati per aria però poi, intorno a me, non accadeva certo ciò che desideravo e la mia vita, trascurata, andava a rotoli... Era bello avere conforto, comprensione e interesse da parte di uno o più psicologi ma avevo bisogno di altro: di una scossa, una spinta. Io sapevo perfettamente che un giorno ne sarei uscito ma mi mancava lo stimolo ad uscirne, cosa ne uscivo a fare? Per perdere l'unica possibile persona di riferimento in grado di capirmi ed ascoltarmi? Io le risposte le avevo già, non ero e non mi sentivo pazzo, mancavo di soluzioni e sapevo che non le avrei trovate per via mentale ma sui sentieri della vita.

Ecco perché ora voglio sperimentare questo nuovo linguaggio, questi racconti diversi che hanno lo scopo di entrare emotivamente nella psiche, dipingere immagini, sogni, toccare le corde del cuore e quelle dell'anima per poi dare una piccola scossa, a volte dolce, a volte uno spintone, altre volte un calcio, una carezza, una sveglia...

Cosa succede? Non lo so ma certamente dedico questo lavoro alle persone che soffrono inutilmente, gratuitamente, affinché abbiano l'energia di uno stimolo, una scintilla di luce, una spinta emotiva a reagire e **AFFRONTARE** la vita, anziché subirla.

Se lasciamo dipingere agli altri il cammino del nostro tracciato, saremo sempre insoddisfatti, sempre!

Se pensiamo di risolvere le cose con i farmaci siamo fuori strada, idem se pensiamo basti il denaro.

Amore, quello sì, funziona sempre: amore per noi stessi, per il mondo, la vita, la natura, la terra e le stelle, il fuoco e il ghiaccio, amore per l'amore, ovunque e sempre...

Così come leggete l'horror per provare paura, leggendo questo libro proverete questo genere di reazione... non vi chiedo di condividere ciò che leggerete: so perfettamente che non è questo l'obiettivo.

Vi chiedo di ascoltare la vostra emotività e apprezzare, se lo ritenete, la variazione di stato d'animo indotta dalla lettura.

Non ho la pretesa che questo stile possa piacere o avere un seguito è, solamente, una mia

"Sperimentazione"

:-)

Paolo Goglio

presenta

Della rabbia, dell'amore

. . . .

Reazione **A**ttiva **I**nteriore

*Racconti sperimentali per suscitare una
emozione reattiva, rabbiosa e aggressiva*

Qualunque momento deve divenire un insegnamento che alimenta il mio vivere. Non sempre la lezione è semplice e spesso il cammino è molto faticoso, ma quanto è prezioso quel puntino che mi tiene ancorato al vivere e all'amare...!

Ho questa dannata esigenza di entrare in qualunque regno e vedere per conoscere, toccare per sentire, che ci sia luce o il buio non cambia nulla, cerco risposte, certezza, sicurezza... per tenere in piedi un grattacielo occorre uno scavo molto profondo, per questo entro negli abissi, per questo scavo in me, per costruire qualcosa di stabile, resistente, immenso...

Sperimentazione

Dicevano "No... non farlo"

"Non conviene"

"Ci sono cose più importanti"

"Io al tuo posto non lo farei"

Ma non è questa la questione, l'argomento, il discorso, non si tratta di esaminare le cose per ricavarne un aspetto, una tematica razionale, altrimenti qui tutto funzionerebbe sempre e solamente allo stesso identico modo, oppure avremmo unicamente la tabellina del due e quella del sette, qualche colore ma non l'intero spettro, c'è una parola, un termine, un traguardo che rispecchia alla perfezione questa mia ricerca dell'essere e del vivere:

"Sperimentazione"

Ma guarda un po' che la scienza stessa, se non dimostra scientificamente una cosa non la riconosce, e non lo fa neppure se questa cosa esiste... ossia esiste solo se può essere scientificamente dimostrata altrimenti la si nega per quanto possa essere manifestata, documentata, vista o vissuta... ovviamente fin quando arriverà qualcuno in grado di dimostrarlo scientificamente... (!!!)

E' evidente che ci sono delle

contraddizioni in questo sistema, ancora più evidenti quando si cerca di applicare alle cose, alle scelte, alle percezioni dei valori, delle formule, dei calcoli... ma tutto questo va letteralmente distrutto, superato, archiviato come un'era paleozoica, antica... il senso delle cose, la proiezione nel domani, la lettura del nostro patrimonio interiore, quello definito spirituale ma inteso come componente reale, materiale della nostra spiritualità, non come spesso millantano presunti e involuti profeti adombrando tecniche o ricette per entrare nel proprio "io" superiore, nella propria sfera spirituale come se l'anima fosse una zona esterna, divisa, separata, scollata dal nostro corpo.

Ma fin quando siamo vivi è un tutt'uno! Ci vuole un Santo, un Cristo, un Dio, un Guru o uno scienziato per arrivarci? Ci vuole un premio Nobel... ? Non si può per una volta cogliere l'immediata evidenza delle cose, considerare valido e certo quello che siamo, sentiamo, vediamo ed ascoltiamo... ?

Qualcuno si è mai posto il problema di misurare matematicamente l'ampiezza e la brillantezza di un arcobaleno...?

Oppure, visto che va di moda ultimamente... cosa ne dite di applicare la fisica quantistica per calcolare la bellezza di un sorriso o la profondità di una emozione, un sentimento...?

Semplicemente ci sono delle aree, degli spicchi, dei segmenti in cui la conoscenza stessa, il linguaggio e la cultura tendono a frammentarsi, ma per superficialità e ignoranza si usa applicare i propri limiti conoscitivi per descrivere, spiegare o calcolare ogni genere di cosa, è qui che nascono i grandi nodi che, giunti al pettine risultano sempre ingarbugliati...

Non servono decine di trattati, convegni, seminari, enciclopedie e correnti di pensiero, dettami filosofici o tematiche di gruppo, non serve tirare in ballo figure divine mai definite né definibili e, per favore, non prendiamo neppure in considerazione le boiate di tipo esoterico, paranormale, paracarri e paraculi in genere...

Ogni volta che una sfumatura leggermente diversa appare accanto ai colori tradizionali, ecco scatenarsi quel bellissimo fenomeno di grigiore culturale per cui tutte quelle figure incapaci di avanzare nella propria evoluzione geocronologica devono esaltare il proprio stadio larvale fantasticando di forze misteriche, occulte, estranee, mistiche o antroposofiche che siano... la rintronata presunzione degli strati più ottusi e ossessivi porta non solamente fuori strada, ma riesce persino a demolire la bellezza e la purezza sorgiva delle cose più semplici e meravigliose per declassarle attraverso improbabili percorsi di ricerca conditi da una variegata cornice di fantasiose gratuite teorie... ma il teorizzare, il vagare in questa terra di definizioni e pseudostudi, di formulette e filastrocche, ritornelli a metà tra la litania religiosa e la preghierina scolastica... è una delle forme più distruttive, dannose e malevole del vero patrimonio spirituale che sostiene la vita, l'Universo intero... il NOI.

Nell'IO di ciascuno esiste un intero universo di conoscenze, un kit di poteri di analisi, calcolo, stima, validazione, valutazione, nozione, idea, percezione, senso, visione, confronto... una memoria di tipo RAM veramente inesauribile, un sistema operativo così perfetto da non avere proprio nessun bisogno di fare operazioni, misurare, quantificare, spiegare, dimostrare proprio nulla a nessuno: **lo stadio scientifico viene molto, ma molto dopo lo stadio "IO"** ... ne è una piccola sezione, quasi secondaria e persino scontata visto che sfrutta e utilizza in maggior parte la componente dati che stanno nel nostro archivio mnemonico, nel magazzino... la zona spirituale che si interseca con le aree emotive, il bagaglio sentimentale, le componenti vive e la percezione esterna attraverso la nostra sensibilità, la profondità d'animo, lo spessore caratteriale, la dolcezza, le vibrazioni sentimentali, il talento, le qualità artistiche, l'amore fraterno, familiare, relazionale...

I gusti e i desideri, la sfera dei progetti e quella delle ambizioni, non è soggetta ad un percorso logico, matematico, algebrico, geometrico e neppure fisico o metafisico: non è possibile applicare una formula né all'amore né a tutto ciò che riguarda il proprio "IO".

Qualunque studio è frutto dell'arroganza umana e della primitiva necessità di spiegare fenomenologicamente ogni cosa, dal fulmine al tuono tutto deve essere quantificato, catalogato e dimostrato, sì ma da cosa e per che cosa... le variabili caratteriali sono una per ogni singolo essere umano... le variabili esperienzali idem e quelle sentimentali anche... ogni singola persona ha non a caso, ripeto:

"NON A CASO"

un DNA che viene definito codice genetico ed è unico, specifico di ogni singolo essere vivente! **UNO**! E altrettanto avviene per le caratteristiche spirituali, ma mentre il DNA può essere letto e codificato trattandosi di una sequenza materiale, la stessa cosa non è mai avvenuta e non può avvenire per la vita, l'anima del singolo essere! E avviene perché non è attraverso questo tipo di percorso che siamo in grado di leggere, catalogare, definire...

La grave lacuna involutiva è proprio nell'applicare regole empiriche al mondo non-empirico: sono strati diversi, non ci vuole molto a capirlo, basta sentire, è immediata la percezione e ancora più istantanea la lettura.

E' più che mai evidente di fronte a queste fenomenologie che le persone di scienza hanno maggiormente sviluppato la propria area empirica, in alcuni casi solo e integralmente quella, mancano della visione sensibile e della capacità di ascolto, non c'è nulla di male in tutto questo a condizione che non si vada ad interferire con strati differenti che esistono in piani e universi differenti.

Purtroppo questo non solo accade ma addirittura ci sono correnti di convinzione simili alle tempeste di sabbia che portano tumultuose e gratuite complicazioni che inquinano e occultano completamente la cristallina visione di origine.

Partiamo infatti da una

sorgente genetica interiore assolutamente pura e non contaminata che ci consente di seguire il volo di una rondine, l'espandersi di una nuvola, abbiamo istinti che determinano la nostra spontaneità... quella che ci fa chinare verso il profumo di un fiore, quella che ci fa sorridere, gioire, divertire, godere...

Invece qualcuno deve sempre etichettare, imporre la propria

disciplina, valutare, misurare, circoscrivere, pesare, studiare, dettagliare, calcolare... ma quando si metteranno i loro manuali del perfetto imbecille in una zona rettale maggiormente adatta e preposta ad accoglierli?

Quando potremo correre in uno spazio non definito di libertà superiore in cui tutto accade e si manifesta nella sua totalità, nella sua bellezza senza il degradante e polveroso interferire di questi sciacalli dell'anima? Le persone preposte allo studio delle nostre componenti spirituali sono per loro evidente natura in antitesi con la spiritualità stessa: certamente si raggiunge il massimo livello antitetico quando parliamo di teologia e scienze spirituali: nel momento stesso in cui siamo nel campo scientifico siamo già fuori, in conflitto con quello spirituale... è qui che si inabissano le anime più fragili, è qui che nascono le più drammatiche ignoranze, le discipline più inutili e devastanti, le religioni e i relativi fanatismi... questa è l'officina delle debolezze, la fabbrica che distrugge i sogni! Il mondo scientifico, i libri, i testi, gli studi, le ricerche... devono girare al largo dal nostro spirito, molto al largo!

L'evoluzione interiore non sta certamente nel caricare sempre più la nostra anima di un bagaglio materiale ma se proprio vogliamo fare un lavoro non semplice, in un'era in cui la comunicazione globale diffonde e propaga boiate stratosferiche ad ogni livello e in pochissimo tempo

l'unica naturale possibilità di sopravvivenza è lo scarico, il decongestionamento totale, il decondizionamento autonomo, lo svuotamento, la pulizia... rimuovere le croste, le calcificazioni indotte dai processi educativi e culturali, distinguere ciò che occorre per il nostro benessere di tipo materiale e denudare completamente il nostro "IO", spogliarlo, pulirlo, lucidarlo, riportarlo a quella brillantezza di origine che ancora oggi è possibile vedere chiaramente solo nei primi mesi di vita di un bambino... ecco... quando tornerete a sorridere con la stessa, gioiosa immediatezza, senza fare calcoli se state sorridendo a una persona buona, cattiva, senza preoccuparvi di tenere il muso e apparire seri... sì... perché ci sono persone così evolute che si preoccupano persino di alterare la propria espressività e darsi un tono duro, chiuso, tenebroso, serio...

Il capolavoro lo si ottiene rincorrendo il mito della "persona seria" ma vogliamo parlarne un attimo?

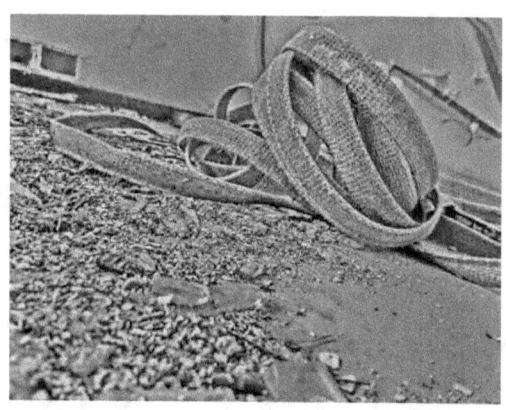

Il nostro obiettivo dovrebbe essere quello di diventare incapaci di ridere e sorridere, divertirci e gioire?

Ma dove sono i veri pagliacci?

Non si nascondono forse dietro queste splendide maschere di presunta saccenza, saggezza e cultura...???

Ma sì... è chiaro, luminoso, solare... è tutto qui, in fondo, il trucco ridicolo e patetico di queste anime di ghiaccio, statue di argilla senza ricami emotivi, senza vasi sanguigni, senza cellule cardiache... è tutto qui...

Decongestionatevi da questa melma indotta da fanatici indottrinatori che si arrogano con disarmante ignoranza e stratosferica presunzione di demolire le nostre aree sensibili più profonde e delicate... difendetevi voltando le spalle ai loro codici, alle loro formule, ai loro rituali... mandateli a contare le onde del mare, così saranno impegnati per qualche miliardo di anni, o a misurare la traiettoria delle nuvole, così si metteranno lì con qualche migliaio di computer collegati tra loro e si divertiranno a produrre dati su dati e la smetteranno di occuparsi di strati che non sono di loro competenza... Quando vedete questi lugubri esseri che si millantano di godere capacità scientifiche o conoscenze di qualunque genere in ambito spirituale, limitatevi a respirare con amore, socchiudere gli occhi e sognare... loro purtroppo non sanno farlo, sono come dei mendicanti che al semaforo vi supplicano di avere un gesto di carità, misericordia, sono accattoni, straccioni, poveri, veramente e stupidamente poveri...

Lasciateli nella loro stessa polvere, annebbiati nella loro stessa ottusità... lasciateli fare! in fondo sono innocui se non gli date la possibilità di accedere al vostro patrimonio emotivo... loro passeranno la vita a fare ricerche, calcoli, studi, cazzate di ogni genere... li riconoscerete per l'assoluta assenza di sorriso, per l'espressione caduca, infelice, triste, per l'immorale serietà, per la fanatica esigenza di capire, capire, conoscere e capire... lasciateli lì per favore...

Voltatevi verso il sole, verso il cielo, sorridete, siete vivi... vivetevi...

Profumo di nulla...

La stratosferica presunzione, l'infantile immaturità, l'ignoranza ossessiva di anime involute e primitive non deve portarci a rinunciare, sacrificare, sminuire i nostri obiettivi personali che devono rigorosamente essere perseguiti con amore, fiducia e convinzione, a prescindere da quanto fango e quanta polvere queste persone secondarie possano avere disperso, o provato a disperdere intorno a noi... proseguendo il nostro percorso di vita e di amore resteranno sistemicamente impaludati nel loro stesso liquame spirituale, come mosche, cimici, scorpioni o vermi... resteranno li, laggiù, striscianti sulle loro mucose, nel loro guscio di letame, nella loro melma fetida e viscida, spenti, funerei, inchiodati alla preistoria evolutiva, fossili senza codice genetico, dna privo di definizione, ammassi indefiniti e gratuiti di cellule organiche senza una conformazione cognitiva, senza poteri sentimentali, senza un cuore emozionabile... chiamano amore la loro stessa miseria e nell'ombra delle loro infami ragnatele scambiano anfratti di luce per sapienza... non sanno e non conoscono l'ampiezza straordinaria del sole, la totalità, i colori, le armonie, le meraviglie dell'arcobaleno, sono esseri minori ma molto pericolosi, la loro subdola capacità di mascherare, mimetizzare le cose può farli apparire come sirene, ispiratrici e tentatrici... diffidate da queste anime deserte, le riconoscete dall'odore inconfondibile... profumano di vuoto... odorano di nulla...

Aspettare...

Aspettare qualcosa è il miglior modo per ricevere delusioni: qualunque sia l'aspettativa, non sarà mai corrispondente alla realtà...

Inoltre è deformata dalla nostra soggettività.

Poiché non siamo artefici di ciò che accade intorno a noi, o in altre persone, ma solo di ciò che accade in noi... o ci isoliamo completamente dal resto del mondo, o evitiamo di crearci delle aspettative...

E' un modo peraltro ingenuo di condizionare gli eventi senza per questo realizzarli nella loro uniformità, naturalezza, spontaneità.

Diversamente le cose accadono e il destino si compie intorno a noi secondo il disegno più puro e cristallino, quello dello scorrere naturale, per cui il sole sorge, tramonta... e a noi spetta il grande dono di poter osservare senza aspettative lasciandoci stupire, ogni volta, dai colori e dai toni, dalle sfumature cromatiche, dalla luce, dalla bellezza del dipinto... Accanto a noi, in quel momento, potremmo scorgere qualcuno deluso perché si aspettava un colore, una tonalità diversa... se possibile prendiamolo per mano, aiutiamolo ad alzare lo sguardo, ad amare ciò che è ... non ciò che si vorrebbe che sia...

A proposito degli strati esistenziali c'è il regno della Fantasia... non è immaginario, tanto che lo nominiamo spesso, è una zona franca preziosissima dove siamo liberi, liberissimi di progettare a largo raggio, una specie di laboratorio dei sogni, di anticamera dei progetti, un CERN dell'anima dove possiamo testare, verificare, calcolare, provare qualunque situazione senza rischi, senza spese, senza metterci in gioco... con la fantasia non ci limitiamo a sognare e uscire dalla realtà per calarci in vie di fuga ed evasioni divertenti o stravaganti ma abbiamo un vero strumento preziosissimo che ci può dare risposte senza correre rischi :-)

Vipere di giada

Vipere di giada dai capelli rosso fuoco, cercano la luce perché annaspano nel buio... avide di sangue proliferano nel fango, si alimentano di melma travolgendo le anime sedotte con le loro armi avvelenate, infette, primitive...

La metafora è molto semplice:

"Cosi come è possibile camminare serenamente nel pantano indossando un paio di stivali... è altrettanto semplice vivere e convivere anche con le serpi, le vipere e gli sciacalli... è sufficiente avere le calzature, gli abiti adatti..."

Sono esseri inferiori, infantili,

involuti, che non sanno adattarsi agli schemi genetici tradizionali, cercano scorciatoie, scappatelle, sotterfugi e, mancando completamente di energia autonoma, si affossano alla pelle altrui per attingere alimento.

Nella pioggia, tra le gocce riversate nelle pozzanghere sul terreno, si annidano e si fecondano, questo non è un germe da coltivare ma un'erba tossica da eradicare.

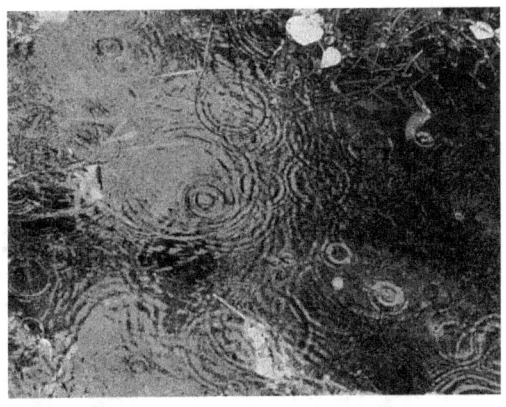

Non cedere al veleno, abituati a combattere, reagire, devi consolidare la tua struttura portante, il tuo essere interiore, fortificalo, forgialo, allenati a rigettarle nella loro palude... lasciati andare, lascia che il mondo intorno a te si trasformi in una grande giostra

53

dove tutto può essere,
divenire, accadere, girare, fai
girare... gira il mondo...

Ora segui, seguilo il cammino,
non importa che sia luminoso,
fangoso, non guardare il
colore, il sapore, seguilo,
senza esitare...

Non passare intorno, non ci
sono altre strade e non puoi
tornare indietro, non ascoltare

chi dice

"Torna sui tuoi passi"

Sono loro,   ti   vogliono
risucchiare...

Andrai avanti, passo dopo
passo, cammina, camminerai,
significa affrontare le cose,
entrare nelle cose, vederle,
non ignorarle...

Loro seppelliscono tutto nella propria sabbia spirituale, tu alzati, rialzati, non aver timore di bagnarti, sporcarti...

entra nella palude, attraversala.

Ecco, orme, tracciati, impronte, seguilo, seguile, seguili...

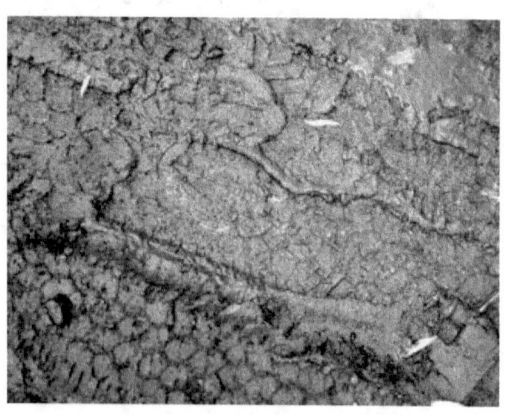

E' un percorso, è il vero,

l'unico percorso possibile, quello che loro chiamano:

"Percorso di crescita"

Solamente che loro, infantili senza scampo, si aggrappano a te che hai il coraggio di passare, attraversare le terre, entrare nelle viscere per giungere al cuore...

Loro, superficiali, falsi, parassiti... rimangono lì e la loro unica possibilità l'unica speranza di crescere è legata a te, sperano di farsi trainare, trasportare, attraversare sulle tue spalle le terre che loro non conoscono, timorose iene senza spirito, senza orgoglio...

Ma tu troverai segnali, di luce, di amore, indicazioni chiare

che la pista non è smarrita,
non sei solo, altri ti aspettano
per giungere ai varchi di luce...

Segni, segnali, seguili... Sono
le foglie secche, quelle che
dovevano cadere...

Staccarsi dai rami per giungere
al suolo, è la loro ultima, dolce
missione... guidarti, divenire
traccia, essere segnale di
vita...

Parte di particelle, cella di molecole similari, ora sei nella fase crisalica del divenire, passaggio di forme tra il primitivo involvere e l'imminente evolvere, provaci, preparati, avrai petali e colori, sentirai la presenza della tua sfera cosmica nel grande sistema della vita reale.

Così... foglia dopo foglia, passo dopo passo, pozzanghera dopo pozzanghera... tutto modifica, cade per ricrescere, muore per rinascere.

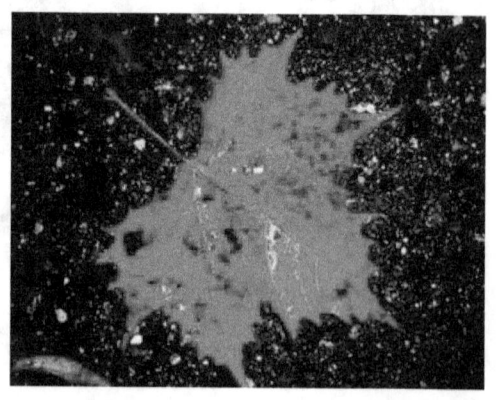

Sono lacrime dal cielo che giungono a dissetare, purificare, alimenteranno le grandi sorgenti della neve che scenderanno cristalline a trasportare il fango altrove, saranno acqua nuova, freschezza vergine di un cielo che sorride al tuo cuore anche quando piove giorno e notte...

Le piccole gocce saranno
grandi acque e tutto
travolgeranno...

I tuoi occhi potranno vedere il
fondo del cammino, i segnali di
fine percorso.. sentirai le loro
squame sciabordare nelle
trame di un tombino, saranno
fogna nelle fogne, cloaca nelle
cloache e tutto sarà finalmente

circoscritto...

Sgorgano le schiume dalla cresta delle onde, mentre le luride ombre millantano, ritornano alla ricerca di cibo, vogliono banchettare nel tuo cuore ma ora è troppo tardi.

Non c'è più tempo per loro, fognative anime che spuntano dal suolo melmoso e si dichiarano cresciute, si considerano "*oltre*" quando il loro spessore spirituale è crostificato nella minuscola quantità di cellule cerebrali.

Le tracce si consolideranno e diventeranno parte del ciclo biologico di sedimentazione, fossili per i viandanti del futuro che troveranno le tue orme e seguiranno la tua luce...

Così nascono gli eroi e le

leggende, così si forgiano le spade affilate che non temono le presenze dell'oscurità.

Non aver paura, timore di sporcarti le mani...

Ti bagnerai, ti sporcherai... ma alla fine sarai nel regno delle sorgenti di luce, dei varchi nel cielo superiore, dialogherai anima nell'anima con gli angeli e gli dei.

Lascia che i codardi rimangano lì... a serpeggiare nella melma, lasciali e vai...

Tu sei eletto...

Tu

BUON CAMMINO

Il Mendicante

Arrostiti su una lamina tagliente restano, carbonizzati, pietrificati, i pensieri di un lontano mendicante che tutto osserva con l'occhio spento del proprio cuore.

Osserva uomini arricchiti dal proprio egoismo che volteggiano come pavoni nel grande circo della carriera individuale... hanno i gomiti consumati a furia di spingere e se gli offri una stella da guardare ti chiedono:

"Cos'è?"

Uomini di cultura che hanno dedicato il proprio circuito temporale a saturare le proprie fibre cerebrali caricandole di dati e nozioni, quando gli porgi un fiore non sentono il profumo né colgono il colore, sanno solamente indicarne la specie e la classificazione botanica.

Uomini di scienza che dividono il mondo tra ciò che si dimostra e ciò che non si dimostra... quando gli parli di

amore non sanno bene cosa
rispondere...

Uomini di teatro che hanno
dedicato la propria chance
esistenziale ad indossare
maschere senza rendersi conto
che la vera parodia era imitare
il mondo che li circonda in cui
tutti recitano e pochi,
pochissimi *"sono"*.

Uomini di politica, ingrassati
dalla propria sete di potere,
viscidi ippopotami imbalsamati
preoccupati solamente di
ormeggiare la propria barca
accanto ad una più piccola, a
guardare il mondo dall'alto,
annegati nella propria
presunzione e nella voragine di
ipocrisia in cui propagano falsi
valori per guadagnare

privilegi... se gli porgi un dono si chiedono:

"Cosa ci sarà sotto?"

Non sanno donare e non sanno ricevere, vivono nel dubbio, nel timore dell'inganno perché solo questo conoscono!

Donne dal grande portamento, eleganti e sensuali si

massacrano la muscolatura pur di indossare trampoli affilati che ne slancino la silouhette: hanno dedicato la vita a tirarsi la pelle, abbronzarla, idratarla, rassodarla, depilarla e truccarla ma se le porti in un prato non sanno camminare a piedi nudi sull'erba...

Il mendicante, ricco di cuore, profondo di amore, osserva, osserva solamente...

Loro lo chiamano:

"Pezzente"

"Barbone"

"Straccione"

Si sentono benevoli quando allungano una misera monetina, credono di fargli del bene ma è lui che concede a loro la possibilità di un gesto, minimo, di amore...

La carità è un gesto di amore.

Quando gli porgi una moneta i suoi occhi ti rimandano sincera gratitudine e il suo cuore osserva la tua capacità di amare...

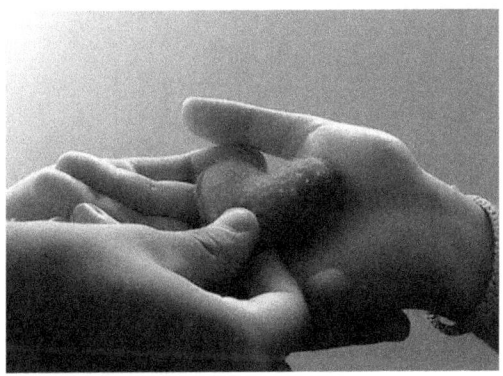

Ringrazialo...

Nulla di nulla

Sì, pensare, pensare e sognare, immaginare...

Ricordare queste parvenze oscure che mitragliano le molecole sperdute, smarrite, onorare l'amarezza di una sembianza che non è mai esistita, mai...

Ascetica ombra di donna dalle unghie invisibili, dalla voce riscritta, narrata, digitale sembianza femminile priva di sangue fluido, energia scorrevole, palpitazioni e vibrazioni.

No!!!
Qui solamente questo regno di

filigrana, specchiato e riflesso nei raggi di una rete senza fili A nulla serve, a nulla, a nulla, a nulla, a nulla!!!!

A NULLAAAAAAAAAAAAAAAAA!!!!

E strascico i residui lembi della mia pelle stanchissima e inutilizzata, trascino questo argano arcaico, queste travi traviate, pesi, pesanti, tutto pesa maledettamente e tutti sono sempre più pesanti tutti

Tuttiiiiiiiiiiiiiii

Griderò...

Chiederò aiuto...

Cercherò soccorso...

Ma cosa ca°°o ne so... di ciò
che sarà? ciò che accadrà?
cosa diverrà l'essere e quella
parentesi presuntuosa
chiamata futuro anteriore...?

Non mi importa nulla di nulla
di nulla di nulla di nulla di nulla
di ciò che sarà e di tutto il
resto... posso solamente
respirare... per ora, solamente
quello...

Il punto d'incontro

Immaginiamo un libro bifacciale, che si può leggere in entrambi i sensi semplicemente capovolgendolo quindi avrà due copertine e due versi di lettura: **uno per l'uomo e uno per la donna**.

Ovviamente è una metafora fisica del contenuto stesso e qualunque lettore, uomo o donna che sia può leggere in entrambi le direzioni ma lo scopo è proprio materializzare il significato, creare una specie di percorso parallelo al centro del quale i due testi si incontrano, si fondono e si uniscono, risolvendosi nell'unione.

Perché questo avvenga occorre

passare attraverso un percorso:

Uomo e **Donna.**

Sia l'uomo che la donna vengono visti, analizzati, letti e descritti per quanto sono oggi, in conseguenza di quanta è stata la storia dell'uomo nella sua totalità, l'evoluzione, il progresso, lo sviluppo sociale, culturale, civile, relazionale, sessuale.

L'obiettivo è identificare le numerosissime deformazioni che ciascuno di noi acquisisce nel XXI secolo in conseguenza di tutto quanto è stata la storia dell'umanità, capire dove siamo collocati ORA e perché siamo qui: identificare i miti, i luoghi comuni, le credenze, le ideologie, le convinzioni di massa, perché oggi c'è un criterio estetico, una consuetudine a interpretare dei modelli, vestire, avere un insieme di cose che di fatto deformano la nostra essenza e purezza di origine, la nostra identità, la nostra percezione del reale.

E' possibile creare uno schema filo-psicoanalitico modellato, generalizzabile che tenga conto della maggior parte degli elementi di condizionamento che uomo e donna ricevono dal peso stesso della storia dell'umanità?

Trovare un massimo comune divisore, che consenta di

frazionare le abitudini e la conseguenza di macroepisodi storici per decongestionare, abbattere in maniera estremamente sintetica e rapida i principali monoblocchi che alterano la percezione di sé stessi creando la maggior parte delle sensazioni di disagio, disadattamento?

Provate a pensarci bene: analizzare una persona nel suo specifico è un ottimo lavoro, unico, dedicato e si riferisce a questa persona, si entra nei meandri e nei particolari della sua attuale esistenza e si procede a identificare, smontare e rimontare, abbattere e ricostruire, osservare ed elaborare tutto un insieme di episodi, di perché... si cerca di ricomporre il puzzle che ha portato ai costrutti della sua vita per poi poterli rivisitare, abbandonare, rivalutare, superare...

Ma se noi mettessimo l'umanità intera di fronte ad un plotone di psicoanalisti, ne bastano 4,6 non molti... in parità uomini e donne, di scuola e pensiero diversi e analizziamo l'UOMO e la DONNA dai tempi delle caverne di oggi... non è forse vero che potremmo abbattere, risolvere e consegnare all'umanità contemporanea un percorso omogeneo di decongestionamento già pronto all'uso? Perché l'uomo e la donna di OGGI sono così?

Come ci sono arrivati e a causa di quali eventi?

Non è poi difficile, le risposte le conosciamo già... mettiamo l'UOMO sulla chaise longue e facciamo un normale percorso psicoanalitico:

"Quanti anni hai ?"

"Circa 2,5 milioni di anni fa..."

"Raccontami qualcosa della tua infanzia..."

"All'inizio eravamo nelle grotte, poi dopo la scoperta del fuoco e la scomparsa dei dinosauri..."

Potremmo scoprire che uomini che rincorrono ossessivamente il culto estetico della muscolatura fisica in realtà perseguono un modello superato in quanto questo modello esteriore di maschio è stato interpretato a livello storico in epoche di guerra o in cui comunque la fisicità aveva un valore e un significato diverso da quello attuale. E quanto tempo spende la donna oggi per il proprio trucco, acconciatura, abbigliamento intimo e non, per avere una precisa forma fisica che è ben diversa da quella dei tempi Botticelliani... allora come la mettiamo? Quali sono i dati corretti? I valori giusti, veri, reali di oggi tenendo conto che comunque non siamo più nelle caverne? Identificare i percorsi che l'umanità ha compiuto per giungere ai modelli attuali, nostri, italici del 2011, peraltro chiaramente e estremamente influenzati dal consumismo e dall'era attuale della comunicazione globale che consente martellamenti di massa per imporre mode, modelli, stili di vita, inoculare una infinità di presunte necessità, creare linee di pensiero, persino le tentazioni, la sensualità, l'erotismo oggi sono costruiti al 99% da immagini, trame, film e telefilm o pornografia che sia, da un sistema che offre mercificazione, prostituzione, un sistema carico, secondo me sovraccarico e saturo di proposte, offerte, schemi di vita, manuali, vademecum... ci sono troppe ricette ed è quasi impossibile che due persone adulte si incontrino e siano compatibili, ma la compatibilità non è e non può essere spostata sul piano della condivisione di queste ricette, invece questo accade nella maggior parte dei casi! E così, persone che vivono secondo un insieme di prescrizioni vanno in crisi, in TILT quando si innamorano di qualcuno con delle ricette diverse, perché questo mette in discussione tutto il loro credere, tutto il loro costrutto di presunte necessità, presunti valori, presunte credenze. Eppure in molti casi questa diversità tra persone si determina già a seconda che uno cresce guardando la rai e l'altro Italia1! Ricevono impulsi, segnali e condizionamenti diversi e poi si stupiscono:

"Ma com'è possibile che mi piace questo uomo o questa donna? È così diverso da me! Non c'entra nulla con gli altri che ho avuto prima! "

"Eppure mio marito mi ama"

"Non è il mio genere ma gli voglio bene"

Ma che scoperta! L'amore, il piacersi, il volersi bene non è mica dato dai modelli, **l'errore non è trovare una persona che non risponde al proprio modello, ma pensare di usare un modello nella ricerca di persone!**

Non basta fare un percorso nella propria vita, bisogna fare anche un percorso nella storia della vita, quando io ho risolto me stesso chi ha detto che mi devo collocare poi in questa società: cos'è la società di oggi? Perché è così? Come possono un uomo e una donna incontrarsi se gli infiniti percorsi di vita, le migliaia di ideologie persino le mille religioni, filosofie e discipline di vita portano ormai a costruire modelli estremamente caotici e confusi, abitudini e valori che nulla hanno a che vedere con il progetto umano di origine?

Proviamo a scollegare i macroblocchi dell'umanità moderna e vedere cosa è possibile spostare per creare spazio ad un incontro.

Al centro del libro l'Uomo e la

Donna devono potersi incontrare: in un regno di consapevolezza per cui sono al corrente di essere entrambi modellati, costruiti e programmati su valori materiali morali e spirituali, apparentemente necessari, fondamentali, importanti, ma di fatto nella maggior parte futili e persino ingombranti.

Quanti uomini investono più nella propria automobile che in se stessi? Non è una deformazione macroscopica questa? Che senso ha pensare che se la propria auto è bella troveranno una bella donna che li considera belli? Sappiamo benissimo cosa succede dopo, come vanno a finire le cose: bisogna identificare i grandi miti (denaro, moda, bellezza, successo, cultura, posizione, carriera ecc... ecc... ecc...) e riposizionarli, evidenziarli, numerarli, catalogarli e poi lasciarli lì sul catalogo, sulla mensola, impolverati e visibili, semplicemente identificati.

A quel punto possono avvenire scelte mature e consapevoli, non dettate da un parametro, uno schema, un criterio...

A quel punto, secondo me, siamo al

PUNTO D'INCONTRO

Aria di libertà

Rifletto, ragiono, elaboro, penso, cammino... mi soffermo a guardare le sottili nubi lontane, giungono dall'orizzonte spinte da questo vento tropicale e si scompongono, si ricompongono, vanno e vengono e continuano ad andare, venire, creando dal nulla forme gassose sempre diverse, silouhette curiose, a volte divertenti, alcune sembrano animali, altre sembrano simboli... sì... certamente lo sono...

Come possiamo noi umani limitare sempre tutto quello che non è scientificamente dimostrato al "sembra" … ?

e chi può permettersi di decidere cosa "sembra" e cosa, invece… "è" ?
La scienza, la scemenza, la deficienza, la neurodegenza, gli abitanti di Piacenza, un pescatore con la lenza? Ma che cazzo stiamo a dire… ? perché la scienza non prova scientificamente a dimostrare che tutto ciò che non è scientificamente dimostrato non esiste? Voglio vederli io sti cazzo di cervelloni che riempiono gli alambicchi e le provette infette dei loro virus materiali e spesso coltivati in loco per propagare qualche nuova forma influenzale per poi rifilare qualche milionata di vaccini inutili alla popolazione

avicola, ovicola, bovinica, suinica, umanica... Prendono le loro belle ricette, il peso specifico delle loro spalle ricurve... il diametro del proprio globo oculare rinsecchito e già che ci siamo anche un paio di bigini riassuntivi delle grandi leggi fisico-matematiche, qualche parallelepipedo e mezzo chilo di logaritmi, per non parlare poi di quelle utilissime tangenti all'infinito o di quelle equazioni lunghe sette chilometri con decine, centinaia di passaggi che ci vuole 4 ore a risolverle e poi hanno come risultato: "i" ossia impossibile... ma che cazzo di uno stracazzo di boiate sono ste cose?

Vengano questi malati di

cancro matematico, algebrico, algoritmico... questi deformi handicappati ingolfati, intossicati di formule, tabelle, risultati, esperimenti, certezze... sì... certezze... ogni 2-3 anni qualcuno scopre la certezza successiva ma nel frattempo quelle sono le certezze...

La certezza dell'incertezza,

ecco di cosa stiamo parlando...! Vengano questi dotti luminari che si ammassano in seminari e laboratori, in centri di ricerca e sotterranei a prova di sisma apocalittico... vengano a vedere, leggere il linguaggio del cielo, del vapor acqueo, mi diano la formula, la risposta, la prova, la conferma, la scientifica dimostrazione di queste forme... provino a misurarle... si spostano continuamente, si espandono, si dividono, si sfilacciano, si agglomerano, non c'è formula, sapete perché?

Perché sono libere!

Le nuvole sono libertà, spazio di muoversi nello spazio, sono movimento, aria libera, forme e contorni indefiniti modellati dalla libertà espressiva dell'universo, dal linguaggio di un cuore cosmico che non ha bisogno della scienza, né della deficienza umana, per creare l'amore...

Dov'è l'amore... dove?

Il fuoco che arde come cenere nella nostra coscienza di vita è fonte della nostra vita, testimonianza di luce interiore che non intende spegnersi, fossilizzarsi, sottomettersi ai giochi di rinuncia e repressione che la società e le grandi religioni da millenni predicano per fomentare miseria esistenziale e arricchire i forzieri monetari delle proprie casse assetate di denaro e avide di potere. L'amore è nelle rondini del cielo, nei giochi delle nuvole, nella libertà della propria anima che abbatte il muro delle inibizioni per esprimere la completezza del nostro vivere, la capacità di sognare... cadranno gli argini di fango e potremo così essere vivi, completi nel cammino dell'amore, figli di un erotismo annientato, soffocato, represso, disprezzato e violentato da futili preghiere, sentimenti di colpa, idiozie primitive...

Ora i vulcani torneranno a

sciogliere la calotta glaciale di queste terre congelate e il calore della lava sarà il sangue benefico per aprire le porte e riconquistare i colori del cielo, dell'amore, della vita...

Siamo frutti di una fusione, l'universo stesso, la polvere stellare, ciascuno di noi... nulla accade senza una congiunzione di energie, nulla esiste senza l'accoppiamento, l'abbinamento, la coesione, l'attrazione, la gravità...

Nulla si distrugge eppure molte, splendide cose si creano: fantasie e desideri, si dipingono le vibrazioni che non possiamo soffocare, più sono latenti e più sono destinate a esplodere, come vulcaniche e incontrollabili eruzioni... l'erotismo si deprime quando lo si reprime, crea scintille di fuoco e venature laviche quando si esprime... l'attimo della liberazione è quell'istante prezioso e irresistibile in cui è possibile accogliere il calore di un'anima e fondere in una sola, esplosiva direzione, lasciando magari un po' da parte quel peso inutile che chiamiamo "passato".

La gioia del silenzio

Mi alzo e mi risveglio, esco dalla lastra, dalla tomba, distruggo la lapide e scavo verso l'alto, verso la superficie, ho bisogno di aria cazzo... sono chiuso qui dentro da anni, marcio sepolto e ogni tanto vado a prendere una boccata di ossigeno, non credete che sia il minimo che posso fare? A voi piacerebbe stare sottoterra murato e cementato, al buio più nero, al freddo più umido e puzzolente che ci sia, in compagnia di vermicelli bianchi e piccolini che si infilano nelle cavità orbitali per spolpare quel che resta della membrana oculare? A me fa uno schifo pazzesco, amavo la luce del sole, amavo passeggiare sotto la pioggia e sentirla scivolare sulla mia pelle bagnata, amavo i raggi di luna splendente che mi asciugavano, ora no... vivo nella notte e devo pure sorbirmi i piagnistei di tutti quei latranti visitatori che vengono a inorridire sul mio sepolcro... ma porca zoccola! non possono stare a casa loro a spandere lacrime?

Ma io non lo so! Vengono qui in visita a me, ai miei vicini di fossa, a quelli laggiù dei loculi o alle cappelle dei borghesacci e non fanno altro che lamentarsi, frignare... sono tutti fusi, fuori di testa! Invece di gioire che sono lì sulla superficie a sentire il profumo dei fiori, a contare le stelle, a bere, mangiare, respirare, vivere, correre, pensare, amare e sognare vengono proprio qui a spaccare i marroni con delle lagne infinite, preghiere tristissime e deprimenti, ma dove cazzo credono di essere, al cimitero???

....

E sì...

Il grave, drammatico, terribile problema di fondo è proprio questo...

Eppure basterebbe cambiar l'insegna, chiamarlo che ne so... il

"Riposatorio"

oppure

"La gioia del silenzio"

ovvero...

"Residence delle anime"

Va anche detto che mi importa poco perché, in fondo, sono loro che non vedono, non sentono, non capiscono, sono loro che passano la vita a correre dietro una scrivania, un aumento, un titolo, una promozione e quando la ottengono dicono:

"Sono realizzato"

Sapessero quanti diplomi, quante lauree, quanti miliardari, quanti illustri e dottissimi esperti ci sono qui sotto... un esercito! E la figata è che non ci sono più classi né ceti, sono tutti unificati, tutti uguali, stessi diritti, nessun onere e nessun dovere, vale solo una regola, universale e uguale per tutti, quella del silenzio.

Dopodiché ognuno può fare quello che meglio desidera, nel rispetto dei vivi, chiaramente...
E sì perché quelli, forti della loro emotività, sensibili, poverini, delicati, suscettibili e percettibili hanno lo stomaco debole, poca fantasia e tante menate in testa che dobbiamo andarci cauti, uscire solo alcune notti possibilmente protetti dalla luna nuova e da un po' di nebbia, meglio ancora se fa freddo, ci

decomponiamo di meno e ci divertiamo a scrocchiare le ossa, quelle poche rimaste.

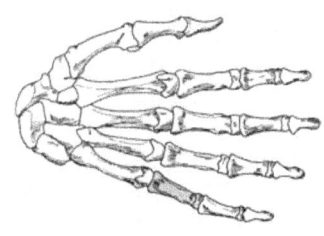

E così questa sera tocca a me passeggiare per i vicoli tra un cipresso e una fontanella, mi riscaldo le membra con le candeline e i ceri dei miei vicini di terra e mi diverto a leggere gli epitaffi, i titoli di coda, la fine del primo tempo...

Qui siamo nella fase di "Intervallo" non so se avete presente... c'è tutto e nulla, c'è spazio, libertà, raggio d'azione, non ci sono più tasse da pagare né bollette della luce, a cosa servirebbe? Forse meglio stare buoni che se ci beccano vengono a piantarci su l'imposta sul buio, l'ICI sul volume dei metri cubi di terra, il canone di soggiorno e già che ci siamo anche una bella quota di affitto sul riposo eterno no?

Quante menate... ma ora lasciatemi godere, apprezzare questo momento magico in cui emergo dalle viscere del suolo, discosto con attenzione il manto di erbetta rasa qui accanto alla mia pietra sepolcrale e con molta, moltissima attenzione mi guardo intorno, cautela ci vuole, molta... moltissima cautela!

Queste cose purtroppo non le insegnano a scuola e neppure durante la carriera di lavoro, mai!

Cose da pazzi!

Noi viviamo per morire e la gente si preoccupa solo del vivere, di quello spicchio ininfluente rispetto all'eternità della propria anima, di quel passaggio tra il prima e il dopo in cui si materializzano in un ovulo per dare vita a "SE STESSI" ma poi? Credono di liquidare la pratica così, definitivamente come se nulla fosse successo? Ah certo... la loro principale preoccupazione è trovare un parcheggio, indebitarsi un decennio (di

quei 6-7 a disposizione) per comprare una Jeep da usare in città (!) la ricordate la barzelletta dei frigoriferi agli esquimesi...? E' la stessa cosa! Quelli che per andare in ufficio si comprano l'orologio da escursione con bussola incorporata, quelli che impostano il navigatore GPS per andare in vacanza, quelli che leggono le riviste di gossip così si sminchiano quel poco cervello rimasto, quelli che si attaccano a un filone ideologico e portano avanti una bandiera a volte nera, a volte rossa, a volte un po' colorata con dentro tre cazzate disegnate e ritengono di aver trovato il loro cammino... !!!
Poi sapete qual'è il vero bonus di noi, spiriti eletti dell'aldilà?

Che siamo liberi!!! Loro ci dipingono nelle fiamme dell'inferno, nel vuoto di un limbo, millantano sulla nostra esistenza, ci ridono sopra, ci trasformano in videogames o film horror ma qui siamo nel tutto, nell'armonia, nella totalità, nell'

"essere"

Esattamente come loro sono nel

"non essere"

Ma siccome i vivi sono loro, ecco che conta solamente il loro punto di vista: egocentrici, egoisti, pusillanimi, vigliacchi meschini codardi deboli miserabili desolanti infami spregevoli megalomani presuntuosi vanitosi boriosi futili vuoti insignificanti banali marginali paurosi vili accentratori menefreghisti negligenti cinici incuranti sciatti infingardi indolenti sfaccendati poltroni acidi e accidiosi!!!

Ops! Scusate! Ho dimenticato qualche puntino giusto?

Quello con la curvetta che chiamate virgola?

Ha Ha!!!

Apposta non li ho messi! Perché vi rendiate conto che basta un minimo per mandarvi in crisi!
Un minimo, ecco... adesso

sapete cosa faccio?! SCRIVO TUTTO MAIUSCOLO! PENSATE QUANT'E' FASTIDIOSO? E POI GIA' CHE CI SONO SMINCHIO TUTTO; LA PUNTEGGIATURA" E INCASINO SU TUTTO...... HA HA BASTA 'SPOSTARE UN CAZZINO DI APO-STROFO. E NON CAPITE PIU' NULLA: MAGARI GLI DIAMO – UN BRUTTO VOTO?? COSA DITE! UN BEL 4\3 scritto su un fogliettino di carta chiamato pagella con nota di giudizio, tutto numerico, tutto ridicolo, tutto quantificato, segnato, definito, premarcato, preconfezionato... se non hai un bel voto significa che sei una merda e ti rimandano:

BOCCIATO!

Esami a settembre, controesami del sangue, esame di guida, esame della vista, dell'udito, test allergologico, ginecologico, cerebrolesico, dermoacustico, testicolare,

controllo laser della radice di pelo del prepuzio, cordata di gruppo alpino sul Monte di Venere, osservatorio astrale dei corpi celesti che in realtà sono masse gassose in una volta di cosmo color nulla... ma fa nulla, appunto...

Ecco, sposto un attimino questo cazzo di vaso di crisantemi, un colpo di cranio a destra... perfetto... non c'è anima viva! solamente noi... anime libere...

Ci salutiamo e dialoghiamo intimamente, perfettamente

connessi dalla nostra aura energetica, ci avviciniamo, ectoplasmi eterei sovraccarichi di amore e danziamo sulle rovine del mondo: grattacieli, asfalto, caselli, semafori, metropolitane, tralicci, centrali nucleari, barriere psicologiche e architettoniche, ponti e gallerie, strade lastricate, fiumi cementati, montagne scavate e foreste disboscate, acque incanalate, isole distrutte, aria inquinata, atmosfera trafitta da tubi di metallo che volano giorno e notte per portare avanti e indietro sempre le stesse cose, le stesse persone, consumando miliardi di tonnellate di ossigeno e rilasciando sulle loro teste miliardi di tonnellate di biossido di carbonio più tanti altri bei veleni che torneranno nel loro habitat con le prime piogge.

Si iniettano in gola tubettini di carta ripieni di tabacco, masticano pezzi di gomma colorata e dolce, bevono combustibile aromatizzato sambuca, mirtillo o liquirizia, spremono l'uva per ubriacarsi e rincorrono tondini di metallo e banconote colorate che sfruttano per avere dei numeri sul proprio conto corrente:

+ 1.560

Significa che posso giocare un po' con la carta di credito o con il bancomat che ricordiamolo ha un numero identificativo composto da 16 cifre, un pin di 4 e un codice di verifica di 3, poi una data di scadenza e un limite di utilizzo insomma... una specie di pecora elettronica da scambiare con un paio di uova matematiche ovvero con un sacco di riso telematico... pazzesco!

E siccome poi vanno in crisi cosa fanno? leggono libri, studiano rimedi, prendono sferettine di sostanze chimiche che alterano l'equilibrio in modo da potersi stordire ulteriormente, si fanno le flebo per bilanciare la cronica e inguaribile incapacità di autoregolamentarsi la cosa più semplice, non sanno mangiare, neppure respirare! tagliano gli alberi, raccolgono fiori, sporcano le acque... ma come cazzo si permettono???

**MA
COME
CAZZO
SI PERMETTONO???**

Porci malati e depravati con le ali mozzate, la testa reclinata, repressi e depressi si sentono in dovere di deprimere il mondo, sfrattare gli orsi dalle proprie caverne, distruggere l'habitat di un colibrì, alterare gli equilibri in cui le farfalle volano la sera colorando l'aria, vivono in scatola, dentro un barattolo con le ruote, in una tana domestica sigillata da vetri, tetti, mura e pavimenti e non contenti murano tutto, dividono il mondo in pezzettini e dicono:

"Questo è mio e questo è tuo"

E ogni volta che non sono d'accordo perché i centimetri sfuggono un po' a destra e un po' a sinistra, si infilano in un palazzo marmoreo chiamato "Tribunale" e si avvalgono del giudizio supremo di un pagliaccio vestito di piume e abiti carnevaleschi che passa la vita ad esprimere verdetti e sentenze, condanne e assoluzioni manco fosse un padreterno...

Una specie di ago della bilancia che a volte pende di qua... altre di là... e alla fine tutti sono scontenti perché chi perde perde e chi vince è triste come prima.

E così, siccome si infilano in un tunnel senza vie di fuga, sono costretti a sfogarsi con la prima ideologia che gli viene propinata, se sei in un paese bianco ti rifilano un dio bianco, se sei in un paese blu avrai la triade blu, se sei in un paese lilla ci sarà uno splendido dio lilla.

Sono tutti diversi ma hanno tutti ragione.

Si scannano tra di loro ma predicano il bene e l'amore.

Però ti dicono anche:

"Sei in un paese libero"

Che significa in poche parole che se le cazzate non ti vanno

bene puoi sempre pensare e dedicarti alle controcazzate, la chiamano
"libertà di pensiero"

e sono disposti a combattersi, sparare, ammazzarsi per difenderla: è un bene preziosissimo! In pratica sei artefice del tuo destino, libero di credere ad una boiata o al suo contrario, ovvero alle mille sfumature di mezzo.

Basta che paghi le tasse.

Eh sì... tutta la vita così.

Corruzione, evasione, malaffari, tangenti ed estorsioni, racket e sottrazioni, frodi, furti, degrado, bassezze, malavita, malvivere, malnascere e malmorire... si fanno una gran bella vita di merda ma la difendono e dicono:

"la vita è meravigliosa"

E perché? La morte fa forse schifo?

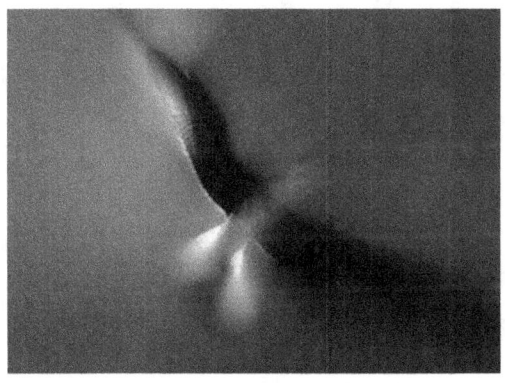

Sono qui sereno, aria nell'aria, parte dello spazio, immerso nel cosmo posso volare tra una galassia e l'altra, giostrare sui cristalli di un pianeta, immergermi nelle polveri cosmiche dei nuovi mondi, quelli che stanno per nascere, quelli che si spengono, quelli che esplodono, sono nel tutto, nel reale, nell'insieme, non ho bisogno di studiare, so già tutto, sono parte della troposfera, faccio il girotondo sui campi magnetici e mi tuffo dentro il buco dell'ozono per riflettermi sulla curvatura della volta celeste... per noi è un po' come una gigantesca bolla di sapone che prima o poi esploderà... di solito dura qualche miliardo di anni ma per noi è un nulla, mica abbiamo il rolex che ci dice l'ora...

Cazzo ce ne frega del tempo? è una dello loro persecuzioni matematiche, quantificano tutto, anche le cose che non esistono, distinguono un prima da un dopo ma hanno mai pensato che esiste un

"Sempre?"

Allargo i raggi e li propago ai miei pianeti, amo sentirli

rotolare intorno a me, mi diverto un mondo a guardare come girano, perfettamente equilibrati, allineati, bilanciati, gravitazionalmente collegati... un lavoro pazzesco, ci abbiamo impiegato una vita per creare il Sistema ma ora siamo veramente appagati, è quasi tutto perfetto, splendido, un incanto favoloso...

Possiamo passare dalla materia al nulla, dalla luce al buio senza curarci di nessuno,

nessuno ci dice cosa essere, cosa fare, quanto pagare come tassa a qualcuno che vive alle nostre spalle, siamo liberi di essere, creare, propagarci, diffonderci, amare.

Il "non esistere" è il nostro win-for-life, siamo fuori dallo schema, dalle rotte, dai labirinti dei loro percorsi culturali, non abbiamo una evoluzione da raggiungere, siamo già la perfezione: tutto nel tutto, amore nell'amore, vita nella vita, essenza nell'essenza, dolce e silenziosa gioia di avere un universo tutto per noi, gratis...

per sempre...

:-))

Il silenzio è figlio del dissenso

Della rabbia, dell'amore...
(introduzione)

A volte tutto gira come deve, gira, frulla, girano i coglioni, non ne gira una giusta, gira la testa, ti girano, ma quando cazzo ne gira una giusta, ma quando mai? Bisogna forse isolarsi da ogni contesto per avere un minimo di buon senso, o ci si deve fottere l'anima per adattarsi alle circostanze di comodo che fan felice il mondo intorno a noi e poi di come stiamo importa niente a nessuno? Ma quante di queste colonne si reggono sull'ipocrisia? Ma quanti danni deve fare il perbenismo? E quanti delitti sono figli dell'ignoranza??? Mi svuoto di intenzioni e mi rassegno a fingere che sia tutto un circo, un teatro di pagliacci prestanome che combattono per imporsi, affermarsi, distillare il perimetro dei propri limiti perché se non mi rassegno non sono adatto... ma esiste anche il vaffanculo, a tutte quelle persone che vivono con il metrolaser, il bilancino e calcolano tutto, sentenziano e giudicano, calcolano e pesano, rubano e impallidiscono di fronte all'amore... ma sarete combattuti, cazzo !!!

Finirete col cadere vittime della vostra stessa codardia, schiavi dell'ignoranza culturale, sanguisughe, rottami spirituali, mendicanti della ricchezza... verranno falci affilate a mietere questo raccolto diserbante di erbe infestanti e un giorno torneranno nuvole serene, ci sarà un cammino universale, ci saranno bandiere della pace... mica quelle cazzate arcobaleno che tanto hanno arricchito i commercianti a spese degli abulici predicatori del nulla... quella vera! la pace interiore, la pace tra persone che smetteranno di condannare, distorcere, pretendere, manipolare, esigere, collassare di fronte alla paura di esistere... cambierà questo sistema di ladri e farabutti che ruba dalle tasche dei bambini e poi si preoccupa di risolvere le cose con le tasse, ma merda di quella merda!!!

Cadrete!!!

Infami vipere serpeggianti...

Cadrete e vedremo la vostra testa rotolare nella melma tanto predicata!

Cadono i dittatori, le dittature,
i regimi, cadrà anche la cultura
della falsità e il governo di
grassi ministri che mette la
tassa su tutto tranne che sulla
propria meschinità...

Tante cose stanno per finire,
tante ne finiranno
definitivamente!!! Preparatevi
a combattere, preparatevi a
vivere... !!!!

Della rabbia, dell'amore...
(trattato e postulato)

Naturale portarsi dentro le
cose, determinare gli spazi
dell'anima in funzione delle
proprie necessità, ascoltare i
silenzi e le grida, le urla che
impongono, esigono e
pretendono chiarezza e

trasparenza nelle selve oscure, nell'opacità, nel disegno mediocre che gli architetti del destino si divertono a progettare con estrema monotonia, estrema banalità, assoluto grigiore...

E' normale reagire grazie ai sistemi attivi del nostro sistema endocrino o più semplicemente grazie alla vita che ci inietta quel minimo status di reazione che facilita la sopravvivenza, così parliamo di amore, sogni e desideri, progetti e traguardi, normale ripeto è normale, ma non è così, c'è della falsità in tutto questo, c'è un inganno stratosferico che equivale a una manipolazione collettiva mondiale per cui le cose non stanno così, l'amore esiste certamente ma esiste anche l'odio e la prevaricazione, il menefreghismo, il gelido compiangere, il farneticare, accusare e offendere, rubare, fregare, inculare, paraculare: da una parte i presunti paladini dell'amore cosa fanno? pregano? dormono? vivono in pace ossia passivamente senza la benché minima azione o attività sociale?

Sì... è così: lamentarsi, accettare, rassegnarsi, impotenti vittime degli eventi studiano, si laureano persino per poi fare cosa? propagare al mondo la propria ignoranza? e perché non aprono le accademie di vita in cui ti spiegano come stanno le cose? Più una persona studia e più è tagliata fuori dalla realtà, mentre quelli che non studiano un cazzo sono ignoranti come delle capre e la realtà non sanno viverla, coglierla, valorizzarla, interpretarla.

Ecco perché non ci sono reali e globali soluzioni, ecco perché l'amore resta dipinto sull'etichetta dei baci perugina, sui bigliettini del cazzo di sanvalentino, sui libri di chiesa e sulla loro meschina ipocrisia, nei titoli dei film, commedie, tragedie, canzoni d'amore, poesie, chiacchiere su storie su storielle su boiate, inizia e finisce, si apre come un fiore, esplode come una marcescenza informe che semina spore malefiche, cattiverie, ingiustizie colossali, seppellisce tutto ed ecco che quel romantico velo dorato tessuto pazientemente in mesi, anni di sbattimento e passione, si deteriora in un istante, bucato da raggi color cenere e si ritrova impietosamente ammuffito, degradato, decomposto, schifosamente riciclato e trasformato in escremento, rifiuto, deiezione organica...

L'amore...

La rabbia...

La rabbia dell'amore, di chi ama per poi soffrire, di chi non ama per timore di soffrire, di chi soffre perché ama, di chi soffre perché non ama!

Il circo dell'amore, la giostra della rabbia, caroselli di

infelicità in cui i rimedi sono ben noti e molto diffusi: schermarsi, omettere, privarsi, rinunciare, sacrificarsi, fingere, manipolare, barare, giudicare, deridere, falsificare, ingannare, nascondere, tradire, spegnersi, scaricare altrove, sì... molto altrove!

Da un'altra parte o con qualcun altro la soluzione più semplice è sempre quella di compensare, mai pensare di combattere, mai di lottare! sempre la strada più semplice, la scorciatoia per evitare di fare fatica... come gomitoli di lana impolverata, infeltrita e aggrovigliata, continuano a rotolarsi provocando garbugli inestricabili, così in seguito si compiacciono beati della impossibilità di risolvere e sperano di impedire ad altri di risolvere tutto.

Ed ecco intere popolazioni cullarsi sull'onda degli sbadigli, interi popoli pascolati da un messia che spara cinque stronzate e acquista il potere di governare milioni di sfaccendati che però si lamentano quotidianamente per tutto quello che non hanno e poi non fanno comunque un cazzo per meritarselo, guadagnarselo o concederselo!

Tutti potrebbero amare, tutti vorrebbero amare, essere amati, cullarsi melodiosamente nell'iridescente paradiso "love to love" e quando lo sfiorano, quando sentono aria di primavera sono tutti teneri e disponibili a girare con il naso insù e la bocca socchiusa, le palpebre assonnate e la testa rintronata, respirano pollini e si perdono in una specie di choc anafilattico che anestetizza l'iniziativa, narcotizza lo spirito d'azione, dormono, beati e sognanti poeti di sè stessi, rincoglioniti dal subire e dal soggiacere, assoggettarsi, sottostare e sottoporsi, vittime di questo splendido schema miserabile che nega la realtà e ottenebra il creato. adeguarsi, adeguarsi e ancora adeguarsi!

Ecco la grande fabbrica della depressione che poi cos'altro è? una prigionia interiore che blocca gli spazi, inibisce le azioni, delimita il territorio e lo circoscrive rigorosamente, ti mette la segnaletica e il filo spinato tutto intorno, poco oltre un bel fossato con i coccodrilli e oltre ancora un campo minato, poi è ovvio che uno non sa più cosa fare e se ne sta chiuso nel proprio habitat emotivo: questo potrò farlo? è giusto pensare queste cose? e sognare queste altre? nel dubbio annientatevi, distruggetevi, consumatevi, prozac dopo prozac fate un bel cocktail di rincoglionizzanti, antistress e antiemotività, spegnete la mente, smettetela di pensare, coordinare i flussi del pensiero per dare vita a un vostro modo di essere: siete cartone, burattini, segatura, pezze su un abito scucito, stracci per la pulizia del pavimento imperiale della regina reale, mica ce l'avete voi la corona, no! ce l'ha lei: è lei la monarchica padrona che nel 2.012 riesce nonostante il tanto decantato progresso a troneggiare su intere nazioni di presunta prima fascia evolutiva: paesi come la Gran Bretagna e l'Olanda hanno ancora il re, la regina, i principi e poi? di cosa dovremmo parlare? Lancillotto e Don Chisciotte o Peter Pan con Cip&Ciop? Non è la stessa cosa?

NO

E' una terrificante, drammatica realtà ed è normale che poi ci siano i depressi ma ora sapete cosa dico? Sveglia, svegliatevi, svegliateli! Ma cazzo, questi con la scusa della paranoia fanno un cazzo, sono larve sociali, non sono vittime ma autori e fautori del sistema involutivo che porta in crisi l'economia monetaria e culturale di continenti interi: crisi esistenziali, di valori, sensi di colpa, stanchezza cronica, esaurimento, scazzo e scoglionamento... dolce la vita vero? Ci si fa da parte e a sbattersi ci pensano gli altri, questi che non sono malati e stanno bene! Bravi! Questo sì che significa prendere per il culo il sistema! I depressi sono solamente larve di zanzara, anime senza nerbo né ossatura che si dondolano senza nulla di costruttivo nel liquido amniotico di madre natura, cazzeggiano, riposano, manco fanno la fatica di mangiare e diventano anoressici o manco quella di dormire e diventano insonni e allora? Lavori forzati! Ecco la soluzione e vai tranquillo che se prendi un depresso e lo mandi nei campi a lavorare dieci ore al giorno con la schiena piegata alla sera gli viene sia l'appetito che il sonno!

E guarisce...

Solo che è più comodo starsene lì, lamentarsi cronicamente, scaragnare eternamente...

"Tanto non so cosa fare..."

Non sono capace, non ce la
faccio no posso, non riesco,
non, non non, non non, non
non, non non, non non, non
non, non non, non non, non
non, non non, non non, non
non, non non, sempre e
solamente   questo
dannatissimo e fottutissimo

"NON"

Sparatevi allora, fuori dal
cazzo e giù una bella fossa
comune dei relitti arrendevoli e
che cazzo! solamente quelli
che hanno voglia di sbattersi
devono tirare la carretta?

Dolce la vita ma questo è il
pianeta Terra, mica il Grand
Hotel Excelsior e manco il
Luxor, lo Splendor o il

Residence dei Fancazzisti!

Chi non lavora non mangia, ecco come dovrebbero stare le cose! Ma a questo punto va anche detta una cosa, forse la cosa più importante:

"Ma chi se ne frega???"

Quanto cazzo me ne sbatte di tutto questo, in fondo? tanto basta cambiare la prospettiva e fare uno splendido, fondamentale esercizio di astrazione dalla realtà, viaggiare due metri da terra e fondersi tuttuno con le nuvole o con l'altra faccia della luna: è l'esercizio dello struzzo.
Nascondersi, insabbiare, non vedere, non sentire, non sapere, così si risolvono le

cose!

Splendido no?

E anche semplice, utile, geniale!

Ma perché? Avete mai visto qualcuno che dopo aver letto il libro con le ricette di felicità diventa felice veramente? quello si incasina l'anima fino alla fine dei suoi giorni!

Anziché vivere, stare nella realtà e lottare per modificarla, conquistare i propri meriti e raggiungere gli specifici traguardi questi entrano in un regime di positiva rassegnazione in cui tutto accade, se accade, quasi meccanicamente, come eventuale conseguenza del proprio pensiero positivo piuttosto che di qualche filastrocca o talismano che sia, ma non funziona così!!!!

CRISTO!!!

Questi manualetti del nulla infarciscono la terra di aridi deserti, germogli senza vita e speranze passive che non diventeranno mai nulla!

La vita è ricca... certo! Ricca di coglioni, compromessi, persone che arrancano per sgomitare, superarti e prevaricarti, affondarti, inabissarti, piantarti, interrarti e seminarti! E quando trovi quello con il sorrisetto buono, l'espressione beata felice sognante gira largo! Quello è un pericoloso fanatico convinto che le cose avvengano da sole e aspetta da una vita la sveglia del mattino:

"Gira largo!"

E' gente malata, dannosa e pericolosa! Ti infarciscono di ingredienti spirituali e poi ti ritrovi per terra senza cibo, senza acqua, senza ossigeno, sveglia per favore, sveglia per favore, sveglia per favore, sveglia per favore, sveglia per favore, sveglia per favore, sveglia ma sveglia ma sveglia ma sveglia!
Basta commiserare le anime sofferenti: sono emeriti

imbecilli! un poeta è capace di prestarsi come cavia umana agli esperimenti farmaceutici pur di non sporcarsi le mani a lavorare e allora che crepino pure loro, le stronzate che scrivono e il malaugurio di tutte le tristezze che non fanno altro che amplificare, via, via!!! Fuori dai coglioni, via da qui! Spazio a chi sa agire e reagire, edificare e costruire, vogliamo il regno dell'Amore o quello degli imbecilli?

Una terra di pace e benessere o il Grande Manicomio Mondiale?

E' giusto tutto questo?

NO ve lo assicuro!!!

E' un furto, uno schifo, una merda, un delitto, un'infamia, sorgenti dell'odio, razzismo, guerra, sfruttamento, rapinare, uccidere, barbari invasori depredano persino i fulmini del cielo, inquinano le falde, ammorbano l'atmosfera e si propagano come virus letali, malefici, malevoli, vanno distrutti, vanno... <u>distrutti</u>!!!

Cenere alla cenere e silenzio al silenzio!

Basta strillare, basta gridare, basta cazzo basta!

Fate silenzio!

Ammutolite!!!

Dell'amore, della rabbia, dalla rabbia all'amore...

Dall'amore alla rabbia...

E' un maledetto circuito chiuso senza via di uscita, una casa degli specchi che riflette all'infinito le proprie stanze, la strada per uscirne non esiste e tutto ritorna indietro, sui propri passi, non si va da nessuna parte, morire, sì...

Morire... tanto vale...

Cos'altro rimane quando muore l'amore?

La rabbia... ?

Bella merda...

Le talpe accecate
seguono cunicoli
sotterranei, si privano
della luce perché
temono il confronto con
i predatori affamati.

Quando volano alti i gabbiani

C'è un cielo eterno davanti a noi, un mare di luce ci avvolge e penetra le sabbie dorate, quelle cristalline, bianche, ovattato regno termico in cui urlare le proprie grida, iniettare vento nelle arterie e ossigeno sulla cresta delle onde...

167

Ora basta...!!! Pensare una sola cosa, l'orizzonte non è un confine tangibile ma una linea ottica indeterminabile, è questo il mio spazio e non posso rientrare nei meandri di un centro commerciale, nell'avido e lugubre preconfezionamento di chi vorrebbe conglobarmi in una scatola metropolitana, una valvola di sfogo per l'umanità sintetica, quella artificiosa e civilmente satura di preconcetti, quella che segue le mode e le tendenze, basta con queste cose stomachevoli e basta con chi si collega a me pensando di poter condividere la propria ruggine interiore.

Quando i gabbiani volano alto io sento il loro richiamo, non quello dei falsi amici o delle presunte persone care, non quello che oscura l'anima degli arrivisti e degli idealisti no...

Io volo da destra a sinistra baciando tramonti meravigliosi, conquisto l'aria che scandisce le correnti ascensionali della mia giostra quotidiana, poi rincorro piccolissime farfalle mimetiche e, come loro, acquisto il colore dell'erba, quello del cielo, delle foglie.

Mi poso leggerissimo sulle foglie del gelso e sugli arbusti fioriti.

Amplifico le voci del bosco e quelle del mare.

Portatemi lassù, con voi, nello spirito che volteggia e canta.

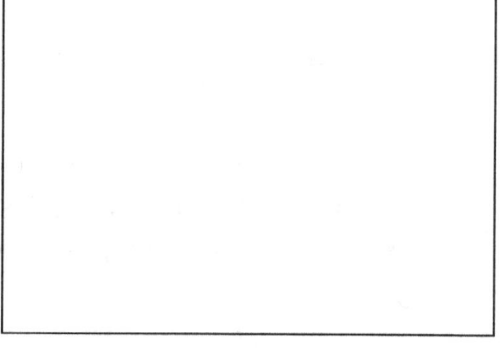

Musiche del mondo e non schifezze urbane riluttanti spacciate per arte o per successo, a voi la vostra discarica, a me i colori del gioco, la sensualità delle piume e delle penne modulate dal vento, a picco verso le acque.

Risalire silenzioso, tra le fronde di un pino marittimo e il profumo del curry selvatico, del rosmarino, del ginepro e dei castagni secolari, girare, volare ancora, silenzio di mare.

Nessuno venga a dirmi su che canale devo sintonizzarmi, a quale pagina devo leggere...

nessuno stia a discutere un solo istante su chi sono e meno che mai su chi non sono.

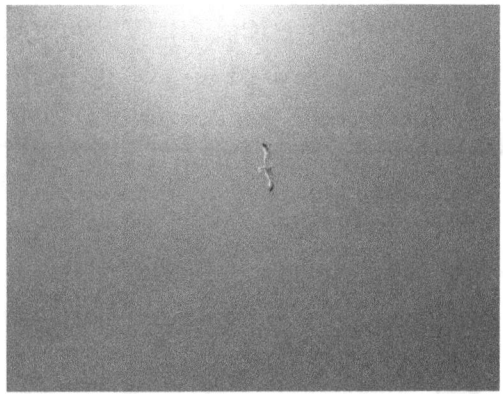

Ho dato vita alla vita che tutti volevano, ora mi lancio dalla scogliera rossa e vado in cerca della mia nuova casa...

Nastro Isolante

E' un arcipelago di isole frammentate nella mia mente, ogni isola un tesoro, un pensiero, un segreto da scoprire, un sentiero da percorrere per giungere alle fonti della sopravvivenza: riserve di acqua, scorte di cibo e sementi per coltivare le nuove stagioni, il nuovo futuro...

Si fermano tutti sulla prima spiaggia, sulla prima riva, alla prima sabbia, depongono il telo, il lettino o il gazebo e dichiarano finita la ricerca di un habitat esistenziale ma poi si lamentano per il caldo, il freddo, il sole, l'ombra, non va mai bene niente... si mettono ad arrostire con 50 gradi sulla battigia e non usano creme per paura di non abbronzarsi abbastanza, si ustionano, cuociono, soffrono, passano pene dell'inferno ma un giorno, rientrando alla propria scrivania a lume di neon potranno dire con fierezza:

"Sono stato in vacanza"

e lo sguardo invidioso dei colleghi sarà il premio finale di questa tortura marina che milioni di lucertole umane si affliggono regolarmente,

pagando pure a peso d'oro alberghi da due soldi per sovraffollarsi ombrellone su ombrellone, in un microscopico spazio vitale di due metrixdue entro il quale devono farci stare tutto e di tutto: la moglie (spesso molto obesamente ingombrante) sdraio e lettini, giocattoli, ombrellone, riviste, libri, ghiacciaia, teli e teloni, cambi e ricambi, ciabatte, zoccoli, gonfiabili vari, palloni, quotidiani, bibite, occhiali, cellulari e creme di vario genere... a pochi metri, se non centimetri starnazzano i vicini e i vicini dei vicini, decine, centinaia, migliaia di anime disperse sul litorale a cuocere ma noi, che siamo figli di un dio maggiore e sentiamo il richiamo di una verità superiore, andiamo oltre, più in alto, al centro, nel cuore dell'isola e cerchiamo risposte, biodiversità, soluzioni, piacere, elezione, gioia, sublimazione, interesse...

Chi può dire se è più piacevole stare nella qualunquistica semplicità di fare ciò che fanno tutti o complicarsi la vita per fare qualcosa di diverso? alla fine gli sforzi non sempre sono premiati!

Andare controcorrente è un impegno molto oneroso, faticosissimo e che dispendia enormi energie: l'unico premio che possiamo ottenere è in fondo un po' di tranquillità reale, sempreché riusciamo a trovare spazi deserti e silenziosi, cime inviolate, oasi, spazio non inquinato.

Quando riusciamo a giungere al centro del sistema, al cuore della grande isola dell'umanità, cominciamo ad esplorare: terreno ostile, servizi precari, natura, sì... la natura ci circonda ma non sempre ha voglia di donarci il cielo sereno e il clima mite!

Se ci scappa il temporale va
tutto a rotoli e ci ritroviamo al
bagnato, travolti da
acquazzoni gelidi a naufragare
nel nostro stesso desiderio di
naufragio e allora? come la
mettiamo? non era forse più
saggio, semplice e pacifico
restare lì nella grande massa
dell'esodo delle masse a
massificarci il cervello negli
schemi di massa? se la
stragrande maggioranza della
popolazione ha precise

abitudini in fondo ci sarà una logica, una ragione no??? ovvio che c'è!

Optano per la soluzione migliore che non è per forza bella, ma è la meno peggio!

E per renderla il più godibile possibile la corredano di gelati Algida e cornetti, ghiaccioli, calippi e rustichelle, focaccine e pizzettine, pizza e fritto misto, spiedini di mare, scampi e gamberoni alla griglia, risottino e spaghetti allo scoglio, vongole e cozze alla marinara e ad un bel momento cosa vuoi di più dalla vita? che cosa, dimmelo!!!

Nulla può essere meglio!

Per loro...

Io ho qualche problema, non riesco, non me ne frega nulla di leggere gossip o vedere partitelle amichevoli non me ne importa proprio, non me ne sbatte, non è di mio interesse! e non vado necessariamente controcorrente, così... per fare il diverso, semplicemente non riesco, non voglio, non posso fare certe cose... muoio!

E quindi rifuggo, mi isolo nell'isola, entro in un'oasi virtuale e cerco la mia zona perfetta!

Con tutte le spiagge incontaminate, candide, da marchiare camminando a piedi nudi lì dove si infrangono le onde, nel fragoroso odor di mare, oceanica luce che mi amplifica il cuore, salgo sulla scogliera e osservo la distesa infinita che si incolla all'orizzonte, nessuna barca, nessuna casa, nessun albergo, nessuno stabilimento balneare... sono solo con me stesso e solamente a me devo rispondere, dipendo da me, dalle mie forze, le mie energie, sono padrone di me stesso e del mondo intorno a me, sovrano della mia anima, re e suddito al tempo stesso, presidente della repubblica del mio spirito, io e me, noi soli, a cercare il centro di gravità del nostro baricentro esistenziale: dove sarà? esiste un equilibrio a cui ricorrere per trovare la pace, la vita, la gioia?

O corro piuttosto il rischio di finire abbandonato, smarrito in una pozzanghera, annegato in un calice di lacrime, disperso in un fazzoletto di paure come una tigre senza artigli, o un leone senza il proprio branco?

Cercherò il branco dei gabbiani per volare candido tra la condensa delle nuvole... verso stelle diurne, stelle marine, astri dorati...

remare, nuotare, camminare, esplorare, cercare, trovare, scoprire... un Cameltrophy, un Marlboro adventure alla ricerca di un codice smarrito da tempo nelle viscere del passato, è quasi impossibile trovarlo, bisogna innanzitutto resettare il proprio sistema operativo e ripartire da zero... dall'accensione, bhe! non è mica facile sapete? bisogna dimenticare le proprie origini, i percorsi che ci hanno portato qui a identificarci in una comunità, una società, a sfruttare il pensiero comune per uniformarci a una metodologia comune, un minimo comune multiplo che vada bene a tutti affinché quei pochi che ci vedono chiaro possano farsi i comodi loro a spese dei polli.

No!

Ci sono quelli come me che non ci stanno, né al gioco né alle regole: vogliono chiarezza, pulizia, sincerità, lealtà trasparenza, correttezza, amore... e non facciamo rivoluzioni, proclami o partiti politici no... facciamo una cosa estremamente innocua e pacifica che si chiama:

"I cazzi nostri!"

PCN

Partito dei Cazzi Nostri

Non male no? tanto, assurdità per assurdità qual'è il problema?
Pensate che io sia meno sensuale di Cicciolina? Per gli uomini forse sì ma vengano le

donne vengano, a ficcarmi la lingua in gola.. ho saliva per tutto l'universo femminile, vi lascio senza fiato, incollate alle mie labbra, tranquille... ho baci per tutte, ogni donna, ogni bocca da sfamare, dissetare, venite, votatemi, sarò io la vostra luce e tutto il mondo potrà, finalmente, girare nel verso giusto, nella direzione corretta, dai, credici, credeteci, crediamoci, ce la faremo è più facile del previsto basta fidarsi di me... io ci credo in me, ciecamente...

Ah...

Voi no?

Giusto in fondo... non ho ancora dimostrato mai nulla...

MAI

Niente di niente, a parte qualche problemino di algebra sui banchi di scuola...
Quindi facciamo così...

Io ora mi addentro, lì, nelle viscere, nel cuore del pianeta, della terra, nelle voragini dell'umanità intera e voi aspettate, ok?

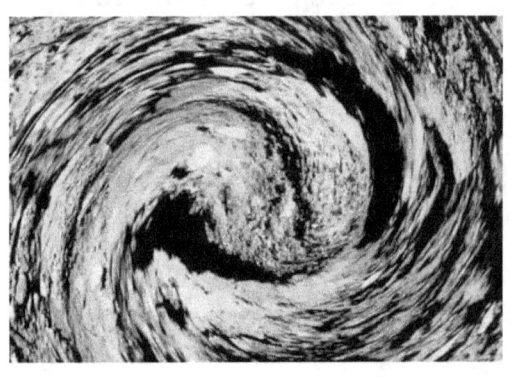

Quando torno, se torno... ne

riparliamo, e decidiamo il da farsi!

Io vi racconto cosa ho visto, vissuto passato e trapassato un po' come una specie di Dante del 2000, mi butto laggiù al centro del sistema e se devo scottarmi un pochino, sballottami, bruciacchiarmi un po' niente di male perché, poi, sarò premiato dalla vostra riconoscenza e chissà... magari ci ficcate pure me in parlamento a ciacolare di leggi e ideologia... chi lo sa?

Datemi un paio di pagine per sistemarmi e vado, a raccontare...

"A presto !"

Ciiiiiaooooooooooooooooooooooooo
oooooooooooooooooooooooooooo

Nulla accade senza la
precisa azione
dell'essere e senza
l'energia di chi vive, le
anime spirituali sono il
sepolcro dell'umanità,
rinchiuse e relegate in
un labirinto primitivo
passeranno millenni a
cercare spiragli di
luce...

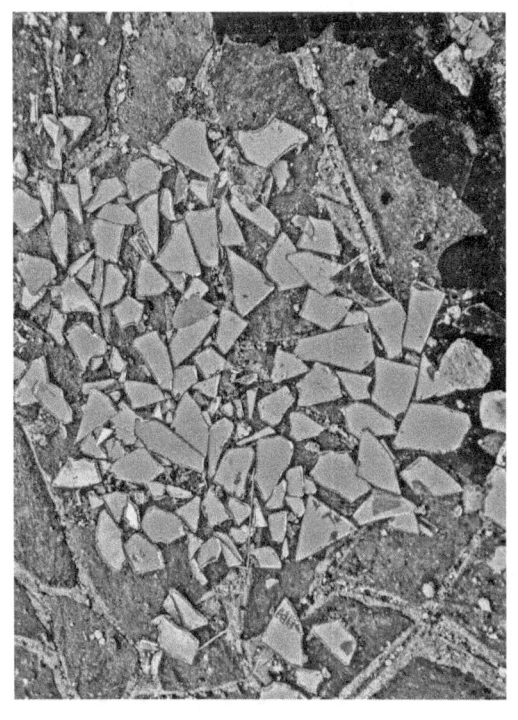

Il ricco guarda
l'artista e pensa:"Tu
morirai povero..."
L'artista e il ricco
muoiono insieme e il
primo pensa: "Muoio
nella ricchezza".

Il ricco muore
piangendo per la sua
miseria

Tu donna

Solo, solitario, come un verme
nel deserto...
perché non ci sei
né adesso né mai
non esisti
quindi
io...
non posso esistere...

Terra senza un regno

Cavaliere senza reame

Scendo dal mio scudo di
lacrime e vado laggiù...

Territorio inesplorato di
leggende e mitologiche
armonie.

Quel manto d'amore che cercavo è sepolto, lì, arginato da una terra inospitale, recintato da catene inespugnabili, come una torre impenetrabile...

LEI

Regina di questo cuore segmentato, frazionato, scheggiato, ferito...

Lei

Un giorno farfalla, un giorno pantera...
Speculare, duplice dogmatico paradosso, senza soluzione né forma, senza curve né sangue, come posso... dimmi come posso toccare un capezzolo

senza seno, un gluteo senza colonna vertebrale, senza sostegni, senza scarpe da indossare né caviglie da adorare...

Cos'è un suddito senza regina, un feudo senza il divino sapore del reame, cos'è...? A chi serve tutto questo se la mia mano accarezza le ortiche, se la mia anima non è più lo scudo di protezione ma solamente un pozzo sovraccarico di olio nero, carboni erotici da disinfestare e digerire perché questo spirito che non vuole progredire, questo silenzio terrificante, gelido, polare... lascia vuota la mia carne, scava strisce striate, strie striscianti, mi distruggo, perché lei non può, non vuole, non sa distruggermi... e nel marciapiede abbandonato risuonano barattoli di latta, lattine di alluminio e scatolami, vuoto, vuotissimo, come una foglia secca mi accartoccio tra i cartoni umidi che marciscono tra una discarica e l'altra...

E' il nulla, questo sì che è poco, niente, nulla...

Così quando le sue labbra...

Quelle fragole epiteliali dipinte sulla sua bocca, trasfondono la sua sensualità...
Femmina di un universo parallelo, realtà misantropa, correnti stratificate, anello dopo anello... avanza, incatena il mio cuore, come un pugnale

dorato mi penetra, possessiva sequenza genetica di donna, ragazza senza tempo, bionda come la notte, profumata di zenzero, piccante come una sovrana meravigliosa, accentrante e ipnotica, permeabile, penetrante... mi lascio avvolgere in questo mantello del desiderio perché non posso...

Non voglio, non desidero, non intendo resistere.

Amo l'abbandono.

Dedicare frazioni del mio divenire per scivolare sui suoi millimetri, sulle sue curve, adorare...

Baciare

Toccare
Entrare e uscire
Entrare
Uscire

Dentro

Fuori

Lento
piano

veloce
lentamente

fulmineo

fulmine, cielo, cielo sereno,
tempesta,   uragano,
distruzione,

esplosione

ricostruzione
orgasmo, contrazione,
tensione, blu notte, poesia,
rossofuoco, poesie, bagliori, le
sue unghie come pennelli, la
mia pelle come una tela...

L'amore dipinge, ricama,
scolpisce.

L'amore è un artista.

Un artista assoluto.

E tu...

Tu sei donna.

Assolutamente femmina.

Divinità assoluta...

La solitudine è il sentiero che conduce al grande crocevia dell'incontro

Perfetto!

Se sei arrivato fin qui i casi sono due:

> *Hai saltato tutto e sei andato alla fine*
> *Hai letto tutto e sei giunto, correttamente fin qui*
> *Altro bho non lo so*

Comunque sia, ha poca importanza, ora tocca a me ringraziarti per la lettura e augurarti tanta felicità e tante splendide meraviglie per la tua vita che sarà.

Ne approfitto per indicare le mie pubblicazioni online:

Il mio sito personale
www.paologoglio.com

Mentre su Facebook:
http://www.facebook.com/goglio

I racconti online sono qui:
https://sites.google.com/site/biopoli morfismo/
(NB è https, non http)

E questi i miei recapiti:

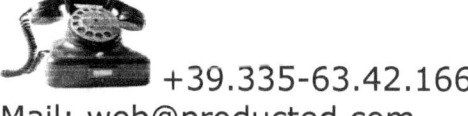 +39.335-63.42.166
Mail: web@producted.com

Qui infine altri miei progetti:

www.amoreconilmondo.com

www.amoretv.it

www.giardinodellospirito.com

www.vm40.org

www.fotokem.it

www.producted.com

www.codicedirinascita.com

www.fotoracconti.eu

www.fotofiabe.it

www.compagnadivita.com